BEI GRIN MACHT SICH IHR
WISSEN BEZAHLT

- Wir veröffentlichen Ihre Hausarbeit,
  Bachelor- und Masterarbeit

- Ihr eigenes eBook und Buch -
  weltweit in allen wichtigen Shops

- Verdienen Sie an jedem Verkauf

Jetzt bei www.GRIN.com hochladen
und kostenlos publizieren

G R I N ☺

Bibliografische Information der Deutschen Nationalbibliothek:

Die Deutsche Bibliothek verzeichnet diese Publikation in der Deutschen National-
bibliografie; detaillierte bibliografische Daten sind im Internet über http://dnb.d-
nb.de/ abrufbar.

Impressum:

Copyright © 2016 GRIN Verlag, Open Publishing GmbH
Druck und Bindung: Books on Demand GmbH, Norderstedt Germany
ISBN: 9783668269125

Dieses Buch bei GRIN:

http://www.grin.com/de/e-book/337508/das-bayerische-konkordat-von-1817-vorge-
schichte-um-die-konkordatsbemuehungen

Klaus Bruns

Das Bayerische Konkordat von 1817. Vorgeschichte um die Konkordatsbemühungen Dalbergs und die Beschlüsse des Konkordats

GRIN Verlag

GRIN - Your knowledge has value

Der GRIN Verlag publiziert seit 1998 wissenschaftliche Arbeiten von Studenten, Hochschullehrern und anderen Akademikern als eBook und gedrucktes Buch. Die Verlagswebsite www.grin.com ist die ideale Plattform zur Veröffentlichung von Hausarbeiten, Abschlussarbeiten, wissenschaftlichen Aufsätzen, Dissertationen und Fachbüchern.

Besuchen Sie uns im Internet:

http://www.grin.com/

http://www.facebook.com/grincom

http://www.twitter.com/grin_com

Katholisch-Theologische Fakultät

Seminar für Kirchenrecht

Hauptseminar: „Konkordate in Geschichte und Gegenwart"

Referatsausaurbeitung:

Das Bayerische Konkordat von 1817

Vorgeschichte um die Konkordatsbemühungen Dalbergs

und Beschlüsse des Konkordats

Klaus Bruns

16. Fachsemester

Inhaltsverzeichnis:

1 Einleitung

Die vorliegende Arbeit beschäftigt sich mit dem Bayerischen Konkordat vom 24. Oktober 1817.

Anhand eines kursorischen Durchgangs durch die kirchenpolitische Situation zur Zeit Napoleons wird auf einige Voraussetzungen hingewiesen, die für den Abschluss des Konkordates erst nach dem Wiener Kongress bedeutsam waren. Anhand des Bayerischen Konkordats von 1817 lässt sich besonders gut zeigen, wie sehr einzelne Persönlichkeiten und ihre politischen Interessen prägend waren für die Möglichkeiten eines Übereinkommens zwischen Kirche und Staat. Hier spielen einzelne Personen, der Mainzer Fürstbischofs Karl Theodor von Dalberg (1744-1817) auf der einen Seite und Kurfürst Maximilian Joseph IV.[1] von Bayern auf der anderen Seite, eine besondere Rolle. Die Notwendigkeit zum Abschluss einer solchen Vereinbarung ergab sich, wie zu zeigen sein wird, aus den sich verändernden politischen Verhältnissen insbesondere aus der Säkularisierung und Mediatisierung zur Zeit Napoleons wie aber auch – von kirchlicher Seite aus – aus dem Bestreben der Kirchen, die aufkommenden Wünsche nach einer Nationalkirche bei vielen Landesfürsten nach dem Vorbilde Österreichs (Josephinismus) zu verhindern, da auf diese Weise eine Unterordnung bzw. Eingliederung der Kirche in den Staatsapparat drohte, was den römischen Einfluss auf die Kirchen wie auch die kirchliche Unabhängigkeit verringert, wenn nicht gar unmöglich gemacht hätte.

Zum Schluss der Arbeit werden kurz die Folgen des Bayernkonkordats genannt und eine Bewertung geliefert.

---

[1] Anm. v. mir: Der spätere König Maximilian I. von Bayern.

2 Vorgeschichte

In diesem Kapitel wird die kirchliche Situation in Deutschland bzw. im ehemaligen Heiligen Römischen Reich deutscher Nation beschrieben. Für die Entstehung des Konkordats ist die Rolle Dalbergs von besonderer Bedeutung. Dalberg war, aufgrund seiner Bemühungen um ein Reichskonkordat, prägend für die kirchenpolitische Situation.

2.1 Entwicklungen nach dem ersten Koalitionskrieg

Im Jahr 1792 begann der erste Koalitionskrieg zwischen dem revolutionären Frankreich der Koalition aus Österreich, Preußen und anderen Partnern. Aufgrund des aus ihrer Sicht schlechten Verlaufs waren die Koalitionspartner zum Friedensschluss mit Frankreich gezwungen. Während Preußen bereits 1795 mit dem Friedensvertrag von Basel aus dem Krieg ausgeschieden war[2], musste Österreich schließlich im Oktober 1797 ebenfalls Frieden schließen (17. Oktober 1797, Campo Fòrmio)[3]. Habsburg verpflichtete sich bei einem erfolgreichen Friedensschluss zwischen Frankreich und dem Reich, das linke Rheinufer von Basel bis an die Nette bei Andernach an Frankreich abzutreten, einem Gebiet von 63 000 km². Nach erneuten Feindseligkeiten und der Niederlage Österreichs und Bayerns in der Schlacht bei Hohenlinden (3. Dezember 1800) war der Kaiser für das gesamte Reich zum Friedensschluss gezwungen, womit der Zweite Koalitionskrieg zum Ende kam. Im Frieden von Lunéville willigten Kaiser und Reich in die Abtretung des linken Rheinufers an Frankreich ein[4].

Der Friedensvertrag trat am 16. März 1801 in Kraft. Schon nach dem Frieden von *Campo Fòrmio* hatte Frankreich besetzte linksrheinische Gebiete, politisch und administrativ zu

---

[2] Gehlhoff, Beatrix: Deutsche Fürsten gegen revolutionäres Frankreich. In: Beyer, Brigitte: Die Chronik der Deutschen. Gütersloh/ München 2007, S.184
[3] Ebd.
[4] Ebd.

reorganisieren begonnen. Die in diesen Gebieten gelegenen Reichsstände besaßen seitdem faktisch keine Hoheitsgewalt mehr in ihren linksrheinischen Territorien.[5]

2.2   Säkularisation und Neuordnung[6]

Die kirchlichen Verhältnisse in den linksrheinischen Gebieten blieben bis zum Frankreichkonkordat von 1801 (16. Juli 1801) unverändert und erst danach wurden sie mit der Bulle *Qui Christi Domini* in das französische Diözsesansystem eingegliedert.

Der Reichsdeputationshauptschluss vom 27. April 1803 legte fest, dass diejenigen weltlichen Fürsten abgefunden werden sollten, denen im Rahmen der Revolutionskriege Besitz verloren gegangen war. Durch Mediatisierung, also die Übergabe von Herrschaftsansprüchen und Besitzungen kleinerer weltlicher Herrscher und Stände an die abzufindenden Landeshoheiten, wurde dieser Beschluss auf weltlicher Ebene umgesetzt. Außerdem wurden kirchliche Besitztümer säkularisiert. Mit Ausnahme von Mainz wurden die linksrheinischen Fürstentümer aufgelöst. Die rechtsrheinischen Gebiete des Bistums gingen auf das Fürstentum Aschaffenburg über. Andere Besitztümer der Kirche, darunter auch Klöster und Residenzen, wurden enteignet und weltlichen Landesherren zugesprochen.

Karl Theodor von Dalberg behielt als Erzbischof von Mainz den Titel eines Kur-Erzkanzlers und blieb somit der einzige „Repräsentant der Reichskirche mit voller politischer Autorität." [7] Bischöfliche Jurisdiktionsgewalt hatte Dalberg allerdings nur über die rechtsrheinischen Teile des Bistums Mainz, da die linksrheinischen Gebiete, einschließlich des Mainzer Bischofssitzes, zum bereits seit der Neuordnung 1801 zum französischen Teil gehörten. Der Mainzer Erzstuhl war auf die Domkirche von Regensburg übertragen worden. Dalberg wurde somit aufgrund

---

[5] GEHLHOFF, *Beatrix*: Deutsche Fürsten gegen revolutionäres Frankreich. In: BEYER, *Brigitte*: Die Chronik der Deutschen. Gütersloh/ München 2007, S.184

[6] Vgl. Abschnitt: BISCHOF, *Franz Xaver*: Die Konkordatspolitik des Kurerzkanzlers und Fürstprimas Karl Theodor von Dalberg und seines Konstanzer Generalvikars Ignaz Heinrich von Wessenberg in den Jahren 1803 bis 1815. In Zeitschrift für Kirchengeschichte 108 (1997), S. 75-92.

[7] BISCHOF, *Franz Xaver*: Die Konkordatspolitik des Kurerzkanzlers und Fürstprimas Karl Theodor von Dalberg und seines Konstanzer Generalvikars Ignaz Heinrich von Wessenberg in den Jahren 1803 bis 1815. In Zeitschrift für Kirchengeschichte 108 (1997), S. 76.

dieser Neuordnungen der Bistümer zum Primas von Deutschland und Metropoliten aller Diözesen des Reiches, außer in den österreichischen und preußischen Gebieten. [8]

Aufgrund der Säkularisation der kirchlichen Besitztümer und der Mediatisierung kirchlicher Reichsstände sowie der genannten Neuordnungen im Jahr 1803 war es also dringend nötig geworden, die Beziehungen zwischen Staat und Kirche in den Staaten des Heiligen Römischen Reiches Deutscher Nation neuzuordnen.

2.3   Die Bemühungen Dalbergs um ein Reichskonkordat

Die Neuordnung der Reichskirche war Dalbergs oberstes Ziel, um den Erhalt der Kirche in Deutschland gewähren zu können. Aufgrund dessen bemühte er sich um ein Reichskonkordat nach Vorbild des französischen Konkordats von 1801.[9] Auch, weil Kaiser Franz II. seine Gebiete nicht in eine reichskonkordatäre Regelung verwickelt sehen wollte, scheiterten erste Versuche im August 1804. Die römische Kurie hingegen lehnte einen österreichischen Konkordatsentwurf ab, da dieser im Widerspruch zum kanonischen Recht gestanden habe. [10]Weiterhin waren Dalbergs Beweggründe Rom zu suspekt und die Kurie „wegen seiner reichskirchlichen Pläne äußerst ungünstig gegen ihn gestimmt."[11] Sein Streben das Amt eines Fürstprimas, der das kirchliche Leben in Deutschland bzw. dem Reich beaufsichtigt um das geistliche Leben in Deutschland unter seinen Schutz zu stellen, konnte als Machtstreben denn als Einigungsgedanke im Sinne der Kirche gedeutet werden. Außerdem wollte sich die Kurie die Option auf Länderkonkordate vorbehalten und befürchtete eine Loslösung der Reichskirche von Rom. Überdies hinaus strebte der Münchener Hof ohnehin eine eigene Landeskirche mit Erzbischof an und stemmte sich gegen ein Reichskonkordat.

---

[8]Bischof, *Franz Xaver*: Die Konkordatspolitik des Kurerzkanzlers und Fürstprimas Karl Theodor von Dalberg und seines Konstanzer Generalvikars Ignaz Heinrich von Wessenberg in den Jahren 1803 bis 1815. In Zeitschrift für Kirchengeschichte 108 (1997), S. 76f.
[9]Ebd.: S. 78
[10]Ebd.: S. 79
[11]Wessenberg, *Ignaz Heinrich von*: Unveröffentlichte Manuskripte und Briefe. I/1: Autobiographische Aufzeichnungen, hg. Von Aland, *Kurt*. Freiburg u.a. 1968, S. 158.

In Paragraph 25 des Reichsdeputationshauptschlusses wurden die „Würden eines Kurfürsten, Reichs-Erzkanzlers, Metropolitan-Erzbischofs und Primas von Deutschland"[12] mit dem Regensburger Bischofsstuhl verbunden. Die Metropolitan-Gerichtsbarkeit erstreckte sich auf alle deutschen Bistümer, mit Ausnahme der österreichischen unter Salzburg und der preußischen. Infolgedessen wurde aus dem Fürstentums Aschaffenburg, der Stadt Wetzlar und dem Fürstentum Regensburg das Kurfürstentum Regensburg geschaffen.[13]

Dalberg kümmerte sich bis zum Tod des Bischofs von Regensburg um die seine Gebiete betreffenden Staatsangelegenheiten und ließ das Regensburger Domkapitel daraufhin in seine kanonischen Rechte eintreten. In der Folge wurde Dalberg die Führung in geistlichen Angelegenheiten angetragen, welche er unter der Einschränkung annahm, dass Papst Pius VII. sie bestätige. Außerdem bat er den Papst um der Übertragung der rechtsrheinischen Gebiete um den Mainzer Bischofsstuhl nach Regensburg kanonische Rechtbarkeit zu erteilen. Das Königreich Bayern hingegen suchte einen Fürstprimas in Regensburg zu vermeiden und den Plänen Dalbergs entgegenzutreten, da sich Kurfürst Maximilian Joseph IV weiterhin für sich mit den Landesgrenzen deckende Territorialbistümer aussprach.[14]

So erlangte Dalberg am 15. Juli 1803 lediglich die provisorische Administration über das Bistum Regensburg als Fürstbischof und erhielt seine Ernennung zum Erzbischof von Regensburg erst am 1. Februar 1805.[15] Anlässlich der Kaiserkrönung Napoleons I. wollte er mit Papst Pius VII. bezüglich der kirchlichen Neuordnung Deutschlands in Verhandlungen treten. Er erhielt vom Papst zwar das Pallium, nicht aber die Aufnahme des Titels eines „Primas Germaniae". Die mündliche Zusage des Papstes, den Titel Primas von Deutschland tragen zu dürfen erhielt er allerdings und trug ihn bis zu seinem Tod.[16]

---

[12] Reichsdeputationshauptschluss vom 25.Februar 1803, In: HUBER, *Ernst* / HUBER, *Wolfgang*: Staat und Kirche im 19. und 20.Jahrhundert. Dokumente zur Geschichte des deutschen Staatskirchenrechts, Bd. 1: Staat und Kirche vom Ausgang des alten Reichs bis zum Vorabend der bürgerlichen Revolution, Berlin 1973, S.18
[13] Vgl.: Reichsdeputationshauptschluss vom 25.Februar 1803, In: HUBER, *Ernst* / HUBER, *Wolfgang*: Staat und Kirche im 19. und 20.Jahrhundert. Dokumente zur Geschichte des deutschen Staatskirchenrechts, Bd. 1: Staat und Kirche vom Ausgang des alten Reichs bis zum Vorabend der bürgerlichen Revolution, Berlin 1973, S.19
[14] Vgl. Abschnitt: HAUSBERGER, *Karl*: Dalbergs Konkordatspläne für das Reich und den Rheinbund. IN: DUCHHARDT, *Heinz* / WISCHMEYER, *Johannes* (Hg.): Der Wiener Kongress-eine kirchenpolitische Zäsur? S.12
[15] HÖMIG, *Herbert*: Carl Theodor von Dalberg. Staatsmann und Kirchenfürst im Schatten Napoleons. Paderborn, 2011, S. 320
[16] Vgl.: HÖMIG, *Herbert*: Carl Theodor von Dalberg. Staatsmann und Kirchenfürst im Schatten Napoleons. Paderborn, 2011, S. 374 f.

Insofern gestalteten sich Dalbergs Bestrebungen um ein Reichskonkordat schwierig. Aus diesem Grund wandte Dalberg sich an Napoleon, da dieser für Dalberg die einzige staatliche Größe darstellte, die ihm in seinem Ansinnen helfen konnte[17]. Außerdem bot sich Napoleon an, als Vermittler für ein Reichskonkordat mit dem Heiligen Stuhl zu fungieren. In der Folge fanden immer wieder vereinzelte Gespräche zwischen Dalberg und Napoleon über die Gründung eines Rheinbundes statt, welcher im Jahr 1806 auf Initiative Napoleons in Paris tatsächlich zustande kam.[18]

Als Kurfürst von Mainz wurde Karl Theodor von Dalberg zum Fürstprimas des Rheinbundes ernannt. Zu seinem Koadjutor bestimmte Dalberg, zur Verärgerung vieler und dazu noch ungesetzlich, da eine kirchliche Zusage nie erteilt wurde, Napoleons Onkel Kardinal Joseph Fesch[19]. Dalberg hoffte, unter dem Schutz Napoleons die von ihm gewünschte Reform des Alten Reiches durchsetzen zu können. Dem schien Napoleons Ankündigung, das europäische Kaisertum nach Vorbild Karls des Großen erneuern zu wollen, zu entsprechen[20].

Seine Verbindung mit Napoleon verschlechterte Dalbergs Position in Rom mehr denn je. Desto respektloser Napoleon den Papst bzw. die römische Kurie behandelte, zum Beispiel indem er sich über geltendes kirchliches Recht hinwegsetzte und über Kirchenangelegenheiten entschied oder gar römische Gebiete besetzen ließ, desto mehr wuchs die Abneigung Roms gegenüber Dalberg und die Entrüstung in Deutschland gegen die Franzosen gleichermaßen[21].

In der Rheinbundakte war festgelegt worden, dass die Bündnispartner nach ihrem Austritt aus dem Reich neben einem sowohl offensiven als auch defensiven Militärbündnis, auch gemeinsame Verfassungsorgane bekommen sollten. Aus diesem Grund sollte es auch eine ständige Bundesversammlung unter Vorsitz von Fürstprimas Dalberg, ein oberstes Bundesgericht sowie als eine Art Verfassung das so genannte Fundamentalstatut geben. Dalbergs ersten beiden Verfassungsentwürfe wurden abgewiesen und die größeren Rheinbundstaaten Bayern und Württemberg wollten ihre gerade erst erhaltene Souveränität

---

[17] Bischof, *Franz Xaver*: Die Konkordatspolitik des Kurerzkanzlers und Fürstprimas Karl Theodor von Dalberg und seines Konstanzer Generalvikars Ignaz Heinrich von Wessenberg in den Jahren 1803 bis 1815. In Zeitschrift für Kirchengeschichte 108 (1997), S. 82
[18] Vgl.: Hömig, *Herbert*: Carl Theodor von Dalberg. Staatsmann und Kirchenfürst im Schatten Napoleons. Paderborn, 2011, S. 372
[19] Vgl.: Ebd. S.391 f.
[20] Vgl.: Ebd.
[21] Vgl.: Ebd. S.441 f.

nicht verlieren und lehnten Dalbergs Vorschläge aufgrund der Befürchtung von Einschränkungen ihrer staatlichen Handlungsfreiheiten ab. Dalberg wiederum beklagte die „Beeinträchtigung kirchlicher Rechte durch das Souveränitätsstreben der Fürsten"[22] und pochte auf die Einflussnahme Napoleons. Napoleon versuchte 1807 Bayern und 1808 auf dem Erfurter Fürstenkongress auch die übrigen Mitglieder umzustimmen und ließ von französischen Experten einen neuen Entwurf für ein Fundamentalstatut entwerfen. Letztlich verzichtete er aber auf eine Durchsetzung.[23] In der Zwischenzeit hatte Bayern die Situation genutzt und begonnen, über ein Länderkonkordat zu verhandeln.

1809 annektierte Napoleon den Kirchenstaat und nahm Pius VII. gefangen, womit die römische Kurie aufgelöst wurde, was eine Neuordnung des deutschen Kirchenwesens unmöglich machte.[24] 1810 übergab Napoleon Dalbergs Fürstentum Regensburg an Bayern, während Dalberg das neugebildete Großherzogtum Frankfurt, welches ohne Beziehung zu seiner geistlichen Würde stand, als Großherzog (1810–1813) erhielt.[25] Gleichzeitig waren damit die Konkordatspläne Dalbergs gescheitert.

Nach der Niederlage Napoleons in der Völkerschlacht bei Leipzig vom 16.Oktober – 19. Oktober 1813 gegen die Koalition der europäischen Mächte[26], schuf der Wiener Kongress 1814/15 wieder eine feste staatliche Ordnung. Da Dalbergs Verbindung zu Napoleon allerdings so eng gewesen war, war an weitere Verhandlungen mit dem Heiligen Stuhl nicht zu denken. Sein Konstanzer Generalvikar Wessenberg hingegen, der ihn auf vielen Reisen begleitet hatte und die Einschätzungen und Überzeugungen Dalbergs zu einem Reichskonkordat teilte, hoffte, auch aufgrund familiärer Beziehungen, noch ein solches Konkordat zum Wohl der Kirche in Deutschland ermöglichen zu können.[27] Letztlich scheiterten

---

[22] HAUSBERGER, Karl: Dalbergs Konkordatspläne für das Reich und den Rheinbund. IN: In: DUCHHARDT, Heinz / WISCHMEYER, Johannes (Hg.): Der Wiener Kongress-eine kirchenpolitische Zäsur? S.27

[23] Vgl.: HAUSBERGER Karl: Dalbergs Konkordatspläne für das Reich und den Rheinbund. IN: In: DUCHHARDT, Heinz / Wischmeyer, Johannes (Hg.): Der Wiener Kongress-eine kirchenpolitische Zäsur? S.25ff.

[24] Vgl.: BISCHOF, Franz Xaver: Die Konkordatspolitik des Kurerzkanzlers und Fürstprimas Karl Theodor von Dalberg und seines Konstanzer Generalvikars Ignaz Heinrich von Wessenberg in den Jahren 1803 bis 1815. In Zeitschrift für Kirchengeschichte 108 (1997), S. 85.

[25] BISCHOF, Franz Xaver: Wessenberg auf dem Wiener Kongress. In: Duchhardt, Heinz / Wischmeyer, Johannes (Hg.): Der Wiener Kongress-eine kirchenpolitische Zäsur? S.101f.

[26] Vgl.: MIECK, Ilja: Die Überwindung der Staatskrise (1807-1815) In: BÜSCH, Otto: Handbuch der preussischen Geschichte. Bd. 2, S. 64 f.

[27] Vgl.: BISCHOF, Franz Xaver: Die Konkordatspolitik des Kurerzkanzlers und Fürstprimas Karl Theodor von Dalberg und seines Konstanzer Generalvikars Ignaz Heinrich von Wessenberg in den Jahren 1803 bis 1815. In Zeitschrift für Kirchengeschichte 108 (1997), S.87 f.

allerdings auch seine Versuche, nicht zuletzt am Veto der Bayern in der letzten Konferenz des Wiener Kongresses. Neben Bayern hatten 1816, als die Bundesakte die Kirchenfrage auf eine in Frankfurt stattfindende Bundesversammlung delegierte, auch Preußen, Hannover und Österreich sowie der Heilige Stuhl längst eine Entscheidung für Länderkonkordate getroffen.[28]

Die Bemühungen Wessenbergs und Dalbergs um die ihrer Meinung nach notwendige Neuordnung der Kirche in Deutschland, die sie vergeblich zu gestalten suchten, waren nicht unbegründet. Nach Dalbergs Tod 1817 gab es nur noch drei residierende Bischöfe auf ehemaligem Reichsgebiet.[29]

3 Das Bayernkonkordat von 1817[30]

Die Säkularisation des kirchlichen Besitzes und die Mediatisierung der kirchlichen Reichsstände im Jahr 1803 bedeutete den Untergang der bisher bestehenden Reichskirche und machte in den Staaten des Heiligen Römischen Reiches Deutscher Nation eine Neuordnung der Beziehungen zur Kirche notwendig.

3.1 Von den ersten Verhandlungen bis zum Abschluss des Konkordates

Im Jahr 1806 nahm das Königreich Bayern erste Verhandlungen über ein Konkordat mit dem Heiligen Stuhl auf, die 1807 bereits endeten[31]. Erst nach dem Ende der Ära Napoleons 1814 und den nötigen Umstrukturierungen dieser Zeit fingen das Bayrische Außenministerium und das Innenministerium, welches für Kirchenangelegenheiten zuständig war, mit den Vorbereitungen zur Wiederaufnahme der Verhandlungen.[32]

---

[28] Vgl.: ebd. S. 91
[29] Vgl.: ebd., S. 88 ff.
[30] Vgl. Abschnitt: LISTL, *Josef*: Die konkordatäre Entwicklung von 1817-1988. In: Handbuch der bayerischen Kirchengeschichte, Bd. 3. St. Ottilien: Eos 1991, S.427-440.
[31] BISCHOF, *Franz Xaver*: Die Konkordatspolitik des Kurerzkanzlers und Fürstprimas Karl Theodor von Dalberg und seines Konstanzer Generalvikars Ignaz Heinrich von Wessenberg in den Jahren 1803 bis 1815. In Zeitschrift für Kirchengeschichte 108 (1997), S. 83
[32] Vgl.: LISTL, *Josef*: Die konkordatäre Entwicklung von 1817-1988. In: Handbuch der bayerischen Kirchengeschichte, Bd. 3. St. Ottilien: Eos 1991, S.430

Die Wiederaufnahme der Verhandlungen fand 1816 statt. Bischof Johann Casimir Häffelin führte als bevollmächtigter Gesandter des bayerischen Königs Maximilian Joseph am Heiligen Stuhl die Gespräche mit dem vom Papst zum Bevollmächtigten ernannten Kardinal Hercules Consalvi[33]. Hierbei kam er den Vorstellungen der Kurie nach einer Lockerung der staatlichen Aufsichtsrecht entgegen. Die Regierung in München lehnte aufgrund dessen mehrere Entwürfe ab.

Am 5. Juli 1817 unterschrieb Häffelin einen zuvor von der bayerischen Regierung abgelehnten Vorschlag, nachdem dieser geringfügig verändert worden war, ohne Rücksprache mit der bayerischen Regierung. Da das Königreich Bayern eine Provokation des Heiligen Stuhls durch einen Widerruf der Unterzeichnung vermeiden wollte, unterzeichnete König Max I. Joseph am 24. Oktober 1817 nach einigen nachverhandelten, kleineren Änderungen zugunsten Bayerns.[34]

3.2 Der Inhalt des Konkordats von 1817[35]

Das Bayernkonkordat besteht aus 19 Artikeln. Die wichtigsten Artikel werden kurz dargestellt, ehe sie in einem weiteren Punkt bewertet werden.

In Artikel I. des Konkordats wird die Unversehrtheit der Rechte der Römisch-katholisch-apostolischen Religion auf Grundlade der kanonischen Satzungen in den Gebieten des Königreich Bayerns festgehalten. Die Neuaufteilung der katholischen Diözesen in Deutschland nach dem Wiener Kongress regelt das Konkordat in Artikel II für das gesamte Gebiet des Königreichs Bayern. Hieraus folgte eine neue Kirchenorganisation. Dem Erzbistum München-Freising, dessen Metropolitan-Bischofssitz von Freising nach München verlegt wurde, wurden die Suffraganbistümer Augsburg, Passau, Regensburg zugeordnet. Außerdem hielt das Konkordat fest, dass das die bischöfliche Kirche von Bamberg ebenfalls zur Metropolitankirche erhoben werde, der die Bistümer Eichstätt, Speyer und Würzburg zugeordnet wurden. Damit war der bayerische Wille erfüllt, Staats- und Kirchengrenzen in Übereinstimmung zu bringen.

---

[33] Vgl. AMMERICH, *Hans*: Das Bayerische Konkordat 1817. Weißenhorn: Konrad 2000
[34] Vgl.: LISTL, *Josef*: Die konkordatäre Entwicklung von 1817-1988. In: Handbuch der bayerischen Kirchengeschichte, Bd. 3. St. Ottilien: Eos 1991, S.432 f.
[35] Vgl. Abschnitt: AMMERICH, *Hans*: Das Bayerische Konkordat 1817. Weißenhorn: Konrad 2000, I-VIII

Des Weiteren wies die Kurie erfolgreich die bayerische Forderung nach einer einzigen Kirchenprovinz, die dann Züge eines Landesbistums getragen hätte, zurück.

Die Artikel IV – VI regeln die Entschädigungen, welche nach den Enteignungen der Säkularisation vom Königreich Bayern übernommen werden. Darin sind die Besoldung der Erzbischöfe, Bischöfe und Mitglieder des Domkapitels und die Bereitstellung von Gebäuden für die Diözesanverwaltung sowie der Unterhaltskostenanteil an den Knaben- und Priesterseminaren und für Unterbringungsmöglichkeiten für erkrankte und „wohlverdiente Geistliche" in den Metropolitan- und Suffraganbistümern genau festgelegt.

Artikel VII legte fest, dass „in Anbetracht der Vortheile [sic!], welche die religiösen Orden der Kirche und dem Staate gebracht haben" und noch bringen können, einige Klöster wiedererrichtet werden sollten. Der folgende Artikel sichert der Kirche den Erhalt der vorhandenen kirchlichen Besitztümer und der zukünftigen.

In den Artikeln IX bis XI sind die Rechte des Königs und seine Einflussnahme auf die Kirchenämter geregelt. Dem bayerischen König steht demnach laut Artikel IX das Nominationsrecht für alle bayerischen Bischofsstühle zum, was gleichzeitig einen großen Einfluss auf die hohen Kirchenämter bedeutete. Der Papst setzt die vom König Ernannten lediglich kanonisch in ihr Amt ein. Vor der kanonischen Einsetzung „sollen sie sich auf keine Weise in die Leitung oder Verwaltung" der ihnen vom König versprochenen Kirchen einmischen können. Die große Einflussnahme des Königs auf die hohen Kirchenämter verstärkt auch der in Artikel XV festgeschriebene Gehorsams- und Treueid der Bischöfe gegenüber dem König. Des Weiteren erhält der König laut Artikel X auch das Nominationsrecht für die Domdekane und in den ungeraden Monaten auch für die Domkapitulare. In den geraden Monaten teilten sich der Bischof und das Domkapitel das Ernennungsrecht. Die Dompröpste hingegen wurden demnach vom Papst ernannt. In Artikel XI wird dem Monarchen zugestanden die Kandidaten für die landesherrlichen Pfarreien zu unterbreiten und in allen anderen Pfarreien die Benannten zu bekräftigen.

In den Folgeartikeln geht es besonders um die Rechte der Kirche und die freie Ausübung ihrer Aufgaben in geistlichen Dingen und kirchlichen Angelegenheiten. Artikel XII sichert der Kirche demnach die Befugnis nach Anordnung der „canonischen [sic!] Satzungen", alles auszuüben (in Rücksprache mit dem Papst), was der Kirchendisziplin zusteht. Außerdem erweiterte der

Artikel die Zuständigkeiten der kirchlichen Gerichte wieder auf „geistliche Sachen und insbesondere Ehesachen". Mit diesem Artikel wurden also die seit dem 16. Jahrhundert vom Staat ausgeübten Kontrollrechte über die Kirche (z.B. die Freigabe kirchlicher Veröffentlichungen und die Einflussnahme auf Priesterausbildung) sowie die in der zweiten Hälfte des 18. Jahrhunderts beschlossenen Amortisationsgesetze, weitgehend zurückgenommen. Durch Artikel XVI wurde diesbezüglich auch festgelegt, dass „durch gegenwärtige Uebereinkunft[sic!]", „die bisher in Baiern[sic!] gegebenen Gesetze, Verordnungen und Verfügungen, insoweit sie derselben entgegen sind, als aufgehoben angesehen werden."

Die Artikel XIII und XIV stellen den Schutz der Kirche und der in ihr handelnden Personen sicher. Demnach musste der Staat die Verbreitung von Büchern, die „dem Glauben, den guten Sitten oder der Kirchenzucht zuwider" liefen, verhindern. Außerdem durfte er keine Herabwürdigungen, Schmähungen oder Missachtungen der Kirche und ihrer Amtsträger zulassen.

4 Folgen des Bayernkonkordats

Durch Abschluss des Konkordats bekam das Königreich Bayern vor allem durch das Recht auf Besetzung der Kirchenämter großen Einfluss. Gerade allerdings die Artikel XIII und XIV geben auch der Kirche eine Vorrangstellung vor anderen Konfessionen, die nicht den gleichen staatlichen Schutz bzw. die gleichen Rechte aufweisen konnten wie die katholische Kirche.

Um dem zu begegnen erließ Max I. Joseph am 17. Juni 1818 das „Edict [sic!] über die äußern Rechtsverhältnisse der Einwohner des Königreichs Bayern, in Beziehung auf Religion und kirchliche Gesellschaften" (Religionsedikt von 1818) und am 7. November 1818 eine „Königliche Erklärung, die II. Verfassungs-Beilage und deren Anhänge betreffend". Letztere bestätigte die bisher geübte Toleranz- und Paritätspolitik gegenüber den anderen christlichen Konfessionen. Außerdem wurde das Konkordat nur als einfaches Gesetz bekanntgegeben und dem Religionsedikt, das selbst Teil der Verfassung war, als Anhang beigelegt, um festzustellen, dass das Religionsedikt einen höheren Stellenwert genoss.[36]

Trotz der somit vorhandenen Widersprüche zwischen Religionsedikt und Konkordat, hielt das Konkordat von 1817 bis zum Ende der Monarchie in Bayern (1918) bzw. *de iure* bis zu den Neuverhandlungen 1924.

Das Bayerische Konkordat aus dem Jahr 1924 löste das Konkordat des Jahres 1817 ab und ist mit Änderungen bis heute in Kraft. Im Bayernkonkordat von 1924 bleiben die in den Artikeln IV – VI des Konkordats von 1817 enthaltenen Leistungen (durch Bezuschussungen) des Staates an die Kirche und die geschaffenen Metropolitansitze, wie auch die darin festgelegte Form für diese Leistungen, erhalten.

5 Bewertung des Bayernkonkordats

In der Kirchenrechtswissenschaft ist das Bayernkonkordat von besonderer Bedeutung, da es sich um eines der ersten Konkordate nach dem Reichsdeputationshauptschluss handelt. So wertet Joseph Listl, dass „dem Bayerischen Konkordat vom 29. März 1924" [Anm. v. mir: in Anschluss an das Konkordat von 1817] „für die gesamte spätere Konkordatspolitik unter den Pontifikaten der Päpste Pius XI. (1922-1939) und Pius XII. (1939-1958) und auch für das deutsche Staatskirchenvertragsrecht des 20. Jahrhunderts ein ausgesprochener Modellcharakter"[37] zukommt. Thomas Neumann weist hingegen darauf hin, dass sich dieser Modellcharakter auf die Neuordnung der katholischen Kirche mit dem Schwerpunkt auf die Zirkumskriptionen nach dem Wiener Kongress beschränkt.[38] Wegweisend war dieses Konkordat sicherlich im Hinblick auf die Frage, inwieweit der Staat Einfluss nehmen darf auf kirchliche Belangen, inwieweit umgekehrt die Kirche sich gegen staatliche Einflussnahme

---

[36] Vgl.: LISTL, *Josef*: Die konkordatäre Entwicklung von 1817-1988. In: Handbuch der bayerischen Kirchengeschichte, Bd. 3. St. Ottilien: Eos 1991, S.427-440
[37] LISTL, *Josef*: Die konkordatäre Entwicklung von 1817-1988. In: Handbuch der bayerischen Kirchengeschichte, Bd. 3. St. Ottilien: Eos 1991, S.427-440, hier S.447
[38] Vgl. NEUMANN, *Thomas*, Die sogenannten Konkordatsprofessuren. Genese und aktuelle Problemfelder, Essen 2013 (Beihefte zum Münsterischen Kommentar, Band 65), S. 43f.

verwahren kann. Damit waren zwar noch keinesfalls alle einzelnen Themenfelder, die heute unter dem Stichwort „*res mixtae*" (dt.: vermischte Sachen) und in den meisten modernen Konkordaten behandelt werden (Religionsunterricht, Anstaltsseelsorge, Theologische Fakultäten usw.), abschließend geregelt, gleichwohl stecken Kirche und Staat grundsätzlich ihre Zuständigkeitsbereiche ab. Von besonderer Bedeutung ist, dass der Staat anerkennt, dass die Kirchen eigene Angelegenheiten zu regeln befugt ist, in die er nicht eingreifen darf, und sich somit einer ausufernden Staatsaufsicht über die Kirchen enthält. Auf der anderen Seite lernt die Kirche hierdurch, dass es ebenso Bereiche und Interessen gibt, die auf staatlicher Seite überwiegen und nicht alle kirchenpolitischen Ziele realisierbar sind. Die Entflechtung von Kirche und Staat v. a. durch die napoleonischen Säkularisierungen und Mediatisierungen haben beide Seiten gezwungen, sich auf dem Feld politischer Machbarkeiten ihrer eigenen Prioritäten bewusst zu werden.

6 Quellen- und Literaturverzeichnis

QUELLEN:

AMMERICH, *Hans*: Das Bayerische Konkordat 1817. Weißenhorn: Konrad 2000

WESSENBERG, *Ignaz Heinrich von*: Unveröffentlichte Manuskripte und Briefe. I/1: Autobiographische Aufzeichnungen, hg. Von ALAND, *Kurt*. Freiburg u.a. 1968

Reichsdeputationshauptschluss vom 25.Februar 1803, In: HUBER, *Ernst* / HUBER, *Wolfgang*: Staat und Kirche im 19. und 20.Jahrhundert. Dokumente zur Geschichte des deutschen Staatskirchenrechts, Bd. 1: Staat und Kirche vom Ausgang des alten Reichs bis zum Vorabend der bürgerlichen Revolution, Berlin 1973

SEKÜNDÄRLITERATUR:

BISCHOF, *Franz Xaver*: Die Konkordatspolitik des Kurerzkanzlers und Fürstprimas Karl Theodor von Dalberg und seines Konstanzer Generalvikars Ignaz Heinrich von Wessenberg in den Jahren 1803 bis 1815. In: Zeitschrift für Kirchengeschichte 108 (1997)

DUCHHARDT, *Heinz* / WISCHMEYER, *Johannes* (Hg.): Der Wiener Kongress-eine kirchenpolitische Zäsur?

GEHLHOFF, *Beatrix*: Deutsche Fürsten gegen revolutionäres Frankreich. In: Beyer, Brigitte: Die Chronik der Deutschen. Gütersloh/ München 2007

LISTL, *Josef*: Die konkordatäre Entwicklung von 1817-1988. In: Handbuch der bayerischen Kirchengeschichte, Bd. 3. St. Ottilien,1991

NEUMANN, *Thomas*, Die sogenannten Konkordatsprofessuren. Genese und aktuelle Problemfelder, Essen 2013 (Beihefte zum Münsterischen Kommentar, Band 65)

MIECK, *Ilja*: Die Überwindung der Staatskrise (1807-1815) In: BÜSCH, *Otto*: Handbuch der preussischen Geschichte. Bd. 2